W0247139

Tschüss, Stress!

Die Autorin **Karina Sillmann** arbeitet als Sozialpädagogin mit Kindern im Alter von 7 bis 12 in Entspannungskursen und pädagogischen Tanzprojekten. Was ihr in ihrer Arbeit wichtig ist, führt sie mit ihrem Sachbuch fort: Kindern konkrete Ideen zu vermitteln, wie sie Entspannung, Gelassenheit und Freude in ihr Leben bringen können.

Tine Schulz ist 1981 in der Nähe der Ostsee geboren, hat in Wismar Kommunikationsdesign studiert und auf Rügen, in Stralsund und in Hamburg gearbeitet. Heute steht ihr Schreibtisch in Rostock, von wo sie für Verlage, Zeitungen, Magazine und sich zeichnet.

Mehr über unsere Bücher, Autor*innen und Illustrator*innen auf:
www.gabriel-verlag.de

Karina Sillmann

Tschüss Stress

50 geniale Ideen zum Runterkommen und Entspannen

Mit Bildern von
Tine Schulz

GABRIEL

Für Sabine

50 geniale Entspannungsideen

Findest du auch, dass das Leben manchmal anstrengend sein kann?

Wenn du in der Schule zu viele Hausaufgaben aufbekommst, deine Geschwister dich nerven oder um dich herum zu viel Chaos herrscht, ist das ganz schön stressig.

Das Schöne ist, dass man lernen kann runterzukommen und sich wieder richtig wohlzufühlen – auch wenn die Welt um einen herum gerade ein bisschen verrücktspielt.

In diesem Buch findest du 50 Ideen, mit denen du ganz viel Entspannung in dein Leben bringen kannst.

Viele der Ideen dauern nicht lange: Du kannst sie auch ausprobieren, wenn du gerade nur eine Viertelstunde Zeit hast.

Es gibt Ideen, die du alleine ausprobieren kannst, und Ideen, die du zusammen mit einer Freundin oder einem Freund testen kannst. Manche Ideen verwandeln dein Zimmer oder dein Zuhause in eine Wohlfühloase und andere sorgen dafür, dass dein Körper sich erholen kann.

Probier die Vorschläge aus und finde heraus, was für dich selbst am besten funktioniert.

Ich wünsche dir ganz viel Spaß dabei.
So mancher Stress wird dir dann bestimmt weniger ausmachen als vorher. Denn ein entspanntes Leben ist nicht nur einfacher, sondern auch schöner.

Deine Karina

Alle Ideen auf einen Blick!

34. Erzähl jemandem, wie es dir geht

35. Entspann deine Füße

36. Schau dir den Sonnenaufgang oder den Sonnenuntergang an

37. Überleg, ob du gerne ein Haustier hättest

38. Probier Tagebuchschreiben aus

39. Finde die schönsten Geräusche

40. Lerne dein Lieblingsessen zu kochen

41. Denk an deine schönste Erinnerung

42. Veranstalte einen Urlaubstag zu Hause

43. Atme langsam und tief, wenn du aufgeregt bist

44. Probier die »Kindhaltung« aus

45. Finde deine Lieblingsparkbank

46. Sieh ganz genau hin

47. Überleg dir ein Pausenritual

48. Probier aus, wie lange eine Minute dauert

49. Lerne häkeln oder stricken

50. Schreib deine eigenen Mutmacher-Kärtchen

Idee ①

Probier das Spiel »Gute Dinge passieren«

Kennst du das? Meistens passieren jeden Tag viele erfreuliche Dinge: Es gibt etwas Leckeres zu essen, du verbringst eine schöne Zeit mit deinen Freunden oder es gelingt dir eine Aufgabe in der Schule richtig gut. Aber manchmal merken wir das nicht so richtig, und uns fällt viel mehr auf, was gerade nicht klappt: Vielleicht ist dir eine andere Aufgabe in der Schule nicht so gut gelungen, du hast den Bus verpasst oder jemand war nicht nett zu dir.

Damit du dich weniger ärgerst und dich stattdessen mehr freust, gibt es ein tolles Spiel. Es heißt »Gute Dinge passieren« und geht so: Such dir einen Mitspieler, zum Beispiel deine beste Freundin oder jemanden aus deiner Familie. Abwechselnd erzählt ihr euch dann immer eine gute Sache, die euch in letzter Zeit passiert ist.

Vielleicht erzählst du von der gigantischen Pizza, die

es am Wochenende bei euch zu essen gab, und deine beste Freundin sagt dir, dass sie eine Eins für ihr Bild in Kunst bekommen hat.

Oder du erzählst deiner Mama, was für einen tollen Film du dir mit einer Freundin angeschaut hast, und deine Mama redet darüber, welchen schönen neuen Song sie im Radio gehört hat.

Sich die guten Dinge zu erzählen, macht nicht nur gute Laune, sondern ist auch so erholsam wie ein Miniurlaub!

Idee ②

Sei ganz langsam unterwegs

Such dir einen Weg aus, den du öfter gehst. Das kann dein Schulweg sein, die Strecke bis zur Bushaltestelle oder die Straßen, die du entlangläufst, wenn du deinen besten Freund besuchst.

Das nächste Mal, wenn du diese Strecke gehst, nimm dir etwas mehr Zeit dafür als normalerweise. Geh zum Beispiel eine Viertelstunde früher von zu Hause los, oder lass dir auf dem Heimweg mehr Zeit.

Auf den Strecken, die wir immer wieder gehen und die wir vielleicht schon hundertmal zurückgelegt haben, sehen wir uns meistens nicht mehr um. Du kennst deinen Schulweg oder die Straßen bis zu deinem Sportverein wahrscheinlich in- und auswendig, sodass du sie im Schlaf entlanggehen könntest.

Wie wäre es, wenn du dieses Mal so tust, als ob du diesen Weg noch nie gelaufen wärst? Geh ihn ganz langsam und entdecke dabei alles um dich herum, als würdest du es zum ersten Mal sehen.

In welcher Farbe sind die Häuser gestrichen, an denen du vorbeikommst? Haben die Leute eine witzige Figur im Garten stehen oder ein buntes Schild an ihrer Haustür hängen? Siehst du Bäume oder Blumen? Kommst du an Plakaten vorbei?

Schau dir alles an, was dir ins Auge fällt, und genieß es, so langsam unterwegs zu sein, dass dir nichts entgeht.

Ich bin sicher, du wirst staunen, was du auf Wegen, die du kennst, plötzlich Neues entdeckst.

Idee ③

Veranstalte deine eigene »Tea Time«

In England gibt es die »Tea Time«: Das ist die Zeit am Nachmittag, in der die Engländer sehr gerne eine Tasse Tee trinken.

Dabei wird der Tee in Ruhe aufgebrüht, es gibt oft eine leckere Kleinigkeit zu essen dazu und der Tisch wird schön dekoriert.

Was hältst du davon, deine eigene kleine »Tea Time« zu veranstalten? Zum Beispiel an einem Samstag- oder Sonntagnachmittag, wenn auch deine Familie Zeit hat. Oder du triffst dich mit deinen besten Freunden zum Tee-trinken.

Am besten suchst du dir eine besonders leckere Tee-sorte dafür aus. Magst du gerne Früchtetee, zum Beispiel Kirsche oder Himbeere? Hast du Lust, etwas Außerge-wöhnliches zu probieren, wie Tee, der nach Apfelstru-del oder Karamell schmeckt? Wenn du Tee nicht so toll findest, veranstalte deine »Tea Time« einfach mit einem anderen leckeren Getränk, zum Beispiel heißer Schoko-lade.

Wenn ihr Lust habt, esst auch etwas Leckeres wie Kek-se, kleine Sandwiches oder Muffins.

Räumt den Tisch frei, an dem ihr euch zur »Tea Time« trefft, und stellt vielleicht ein paar hübsche Blumen oder eine andere Dekoration dorthin.

Bei deiner »Tea Time« könnt ihr zusammen einen gemütlichen Nachmittag genießen, euch euer Getränk und ein paar Kleinigkeiten schmecken lassen und euch in Ruhe unterhalten. Dabei kommt die Entspannung von ganz allein.

Idee 4

Mal ein Mandala aus

Hast du schon einmal ein Mandala ausgemalt?

Mandalas sind Bilder, Formen oder Symbole, die meistens in einen Kreis gezeichnet sind. Es gibt viele verschiedene Vorlagen im Internet oder auch ganze Bücher mit Mandalas.

Wenn du ein Mandala ausmalst, kannst du deiner Fantasie freien Lauf lassen: Du kannst kräftige Farben dafür nehmen oder Pastelltöne, du kannst ein Mandala richtig bunt ausmalen oder zum Beispiel nur in Himmelblau und Gold.

Vielleicht hast du sogar Lust, dein eigenes Mandala zu entwerfen? Dazu malst du einen großen Kreis auf ein Blatt Papier und zeichnest alles hinein, was dir gefällt: Herzen, Fußbälle, Buchstaben, Sterne, Kleeblätter ... Was immer dir einfällt!

Falls dir Mandalas nicht so gut gefallen, kannst du dir auch etwas anderes zum Ausmalen suchen. Es gibt Malbücher und Vorlagen zu fast jedem Thema: Unterwasser-welt oder Zauberwald, Tiere, Feen oder Flugzeuge.

Oder du zeichnest einfach, was immer dir in den Sinn kommt, Figuren, Muster oder Symbole.

Ich kann beim Malen wunderbar abschalten und alles um mich herum vergessen. Vielleicht geht es dir genauso und du hast ganz viel Spaß beim Zeichnen oder Ausmalen!

Idee ⑤

Krön deine Lieblings-Wohlfühl-Klamotten für zu Hause

Hast du in deinem Schrank eine besonders weiche Kuschelhose? Gibt es einen flauschigen Pullover, der richtig gemütlich ist? Oder hast du ein T-Shirt, das viel bequemer ist als alle anderen?

Durchforste deinen Kleiderschrank einmal nach den Sachen, in denen du dich besonders wohlfühlst. Schau sie alle durch und krön am Ende deine Lieblings-Wohlfühl-Klamotten, in denen es gleich noch viel gemütlicher ist.

Du kannst für diese Klamotten auch einen extra Platz im Schrank reservieren, damit du sie immer schnell findest.

Diese Kleider kannst du anziehen, wenn du dich entspannen möchtest. Du hast vielleicht manchmal lange Schultage und brauchst zu Hause noch bis abends, bis alle Hausaufgaben erledigt sind. Wenn es dann endlich

geschafft ist, schnapp dir deine Wohlfühl-Klamotten und sage dir: Jetzt ist der entspannte Teil des Abends dran! Ich kann mich erholen und machen, wozu ich Lust habe!

Oder du schnappst dir deine Wohlfühl-Klamotten am Wochenende, wenn du sonntags einfach mal nichts tun möchtest. Dann weißt du: Heute ist ein Tag, um im Bett herumzulümmeln, ein tolles Buch zu lesen oder einen schönen Film zu gucken.

Ich wünsche dir ganz viel Erholung in deinen Kuschel-sachen!

Idee 6

Entspann deine Hände

Unsere Hände sind manchmal ziemlich verkrampft, ohne dass wir es überhaupt richtig merken. Erst wenn wir sie entspannen, stellen wir fest, wie gut das tut.

Wenn du – zum Beispiel nach einem Schultag, an dem du viel geschrieben hast – deine Hände lockern möchtest, geht das so: Heb die Arme ein Stück nach oben und

lass dabei deine Handflächen nach vorne zeigen. Jetzt schließt du die Finger zu einer Faust. Der Daumen liegt dabei außen, über den anderen Fingern. Dann öffnest du die Finger wieder und spreizt sie dabei, sodass sie ganz lang und gerade sind. Das machst du abwechselnd, so schnell und solange du kannst: Finger zu – Finger auf – Finger zu – Finger auf. Meistens schafft man das nur etwa eine Minute lang, dann werden die Finger müde, sind aber auch wunderbar aufgelockert.

Anschließend kannst du vor der Brust deine Handflächen aneinanderlegen und die Finger ineinander verschränken. Jetzt machst du mit deinen Handgelenken Kreise, erst in die eine, dann in die andere Richtung.

Zum Schluss kannst du noch die Handflächen vor der Brust mit geraden Fingern aneinanderlegen, so ähnlich als würdest du beten oder den »Namaste-Gruß« beim Yoga machen. Du lässt die Hände so und klappst sie vorsichtig nach vorne, sodass deine Fingerspitzen nicht mehr nach oben, sondern nach vorne (von dir weg) oder sogar nach unten zeigen. Die Handflächen bleiben dabei aneinandergedrückt.

Schüttle am Ende deine Hände aus und spür, wie locker sie jetzt sind.

Idee 7

Sortier eine Schublade aus

Bei diesem Vorschlag fragst du dich vielleicht, was Aufräumen mit Entspannung zu tun haben soll.

Wenn um uns herum viel Chaos und Unordnung herrscht, kann uns das hibbelig machen. Wenn wir etwas suchen, dauert es eine Weile, bis wir es finden. Oder wir sehen gar nicht mehr, was für schöne Sachen wir haben, weil zu viel herumliegt.

Deshalb kann es eine gute Idee sein, ein bisschen aufzuräumen. Du kannst zum Beispiel ganz einfach mit einer einzelnen Schublade anfangen. Sieh vielleicht die Sachen durch, die in deiner Schreibtischschublade liegen. Wie viele verschiedene Stifte hast du? Brauchst du sie alle? Findest du ein Freundschaftsarmband deiner besten Freundin oder einen lustigen Magneten, an den du schon gar nicht mehr gedacht hast?

Wenn du Dinge findest, die du gar nicht mehr benutzt oder nicht mehr brauchst, überleg, ob du sie wegwerfen oder an jemanden weitergeben willst, der sich darüber freut.

Bist du bei anderen Sachen froh, dass du sie wiedergefunden hast? Dann suche einen schönen Platz für sie.

Wenn alles sortiert ist, räum die Schublade so wieder ein, dass du beim Aufziehen auf den ersten Blick siehst, was drin ist.

Probier aus, ob du die aufgeräumte Schublade entspannend findest.

Wenn ja, vielleicht hast du dann sogar Lust, auch andere Schubladen oder sogar einen Schrank oder ein Regal auf Vordermann zu bringen.

Idee 8

Finde den schönsten Platz
in der Natur

Gibt es an dem Ort, an dem du wohnst, einen See in der Nähe? Oder einen hübschen Park? Wohnst du vielleicht am Waldrand?

Da, wo ich wohne, ist der Wald nur fünf Minuten entfernt. Außerdem gibt es ganz in der Nähe eine Stelle, von der aus ich über die ganze Stadt schauen kann. Dort gehe ich gern hin, setze mich auf die Bank, die dort steht, und lasse meine Gedanken schweifen, während ich den Ausblick genieße.

Bestimmt gibt es auch in deiner Nähe ein schönes Fleckchen, an dem du dich gut erholen kannst. Überleg, an welchen Orten in der Natur du dich besonders wohlfühlst. Das kann eine große Wiese sein, die Stelle im Stadtpark, an der der schönste Baum steht, oder deine Lieblingsbank an einem Seeufer.

Mach einen kleinen Ausflug dorthin, vielleicht auch

mit deiner Familie oder deinem besten Freund. Genießt die Zeit dort und atmet einmal richtig durch.

Vielleicht kannst du dir jede Woche ein bisschen Zeit einplanen, um deinen Lieblingsplatz zu besuchen. Dort kannst du dich vom Alltagstrubel erholen, Kraft tanken und deinen Gedanken nachhängen.

Wenn du zurückkommst, bringst du die Entspannung von deinem Lieblingsort mit. Dann kannst du alles mit frischer Energie angehen.

Idee ❾

Genieß dein Lieblingsessen in vollen Zügen

Das nächste Mal, wenn es dein Lieblingsessen gibt, probier mal Folgendes: Iss ganz langsam!

Die Sachen, die wir gerne mögen, essen wir oft superschnell, weil sie so gut schmecken. Langsam essen wir eher die Dinge, die wir nicht so lecker finden und in denen wir deshalb lustlos herumstochern.

Wenn du aber dein Lieblingsessen in aller Ruhe zu dir nimmst, wird dir auffallen, warum es dir so gut schmeckt: Wenn du Spaghetti mit Tomatensoße besonders magst, fällt dir beim langsamen Essen vielleicht auf, dass in dem Gericht auch leckere Gewürze sind oder Parmesankäse, und es deshalb toll schmeckt. Wenn du Pizza magst, ist sie vielleicht herrlich kross oder mit allem belegt, was dir am besten schmeckt.

Auch beim Nachtisch kannst du ausprobieren, was du alles entdeckst: Wenn du einen Schokoladenpudding langsam isst, oder dir ganz viel Zeit lässt, um das Obst zu essen, das du am leckersten findest.

Sich nach der Schule Zeit zu nehmen, um erst einmal in Ruhe zu essen, kann eine wunderbare Pause nach dem Unterricht sein. Oder du genießt am Ende des Tages dein Lieblingsessen in vollen Zügen und läutest auf diese Weise den Abend ein.

Idee ⑩

Adoptier eine Pflanze

Sich um eine Pflanze zu kümmern, kann erholsam sein und uns sogar glücklich machen. Eine Pflanze in deinem Zimmer sorgt dafür, dass die Luft dort besser ist und kann dir an trüben Tagen ein Lächeln ins Gesicht zaubern.

Wie wäre es, wenn du dich auf die Suche nach einer schönen Pflanze machst, die du adoptieren möchtest? Vielleicht kannst du mit deinem Lieblingserwachsenen einen Ausflug in den Gartenmarkt machen und dir die Pflanzen dort mal in Ruhe ansehen. Gefallen dir die Alpenveilchen in Pink? Oder hättest du Lust, eine kleine Palme in deinem Zimmer aufzunehmen? Findest du eine Glückskastanie besonders schön?

Such eine Pflanze aus, die dir gut gefällt, und stell sie in deinem Zimmer an einen sonnigen Platz, zum Beispiel ans Fenster.

Die letzte Pflanze, die ich adoptiert habe, war eine rote Flamingoblume, die ich Bella genannt habe. Hast

du Lust, deiner Pflanze auch einen Namen zu geben? Das kann witzig sein.

Am besten fragst du im Gartenmarkt auch nach, wie viel Wasser die Pflanze braucht. So weißt du gleich, wie oft du sie gießen solltest.

Ich wünsche dir ganz viel Spaß dabei, dich um deine Pflanze zu kümmern und ihr beim Wachsen zuzusehen!

Idee 11

Atme zusammen mit deinem Kuscheltier

Ruhig und tief zu atmen ist einer der einfachsten Wege, um sich zu entspannen.

Am meisten Spaß macht es, wenn du das zusammen mit deinem Lieblingskuscheltier ausprobierst.

Such dir einen gemütlichen Ort, um dich hinzulegen: auf dein Bett oder die Couch zum Beispiel. Leg dich auf den Rücken und dein Kuscheltier auf deinen Bauch.

Jetzt brauchst du nichts weiter zu tun, als langsam ein- und auszuatmen. Dabei kannst du beobachten, wie sich dein Bauch beim Atmen hebt und wieder senkt. Je tiefer du atmest, umso mehr bewegt dein Lieblingskuscheltier sich dabei mit und wird langsam nach oben und dann wieder ein Stück nach unten geschaukelt.

Wenn du möchtest, kannst du auch die Augen zumachen und dir zum Beispiel vorstellen, dass du dein Kuscheltier durch deinen Atem sanft in den Schlaf wiegst.

Probier aus, wie es sich anfühlt, einfach ruhig dazuliegen und mal nichts anderes zu tun, als tief in deinen Bauch zu atmen.

Mach das, solange du Lust dazu hast.

Wenn du wieder aufstehst, wirst du dich wunderbar erholt fühlen.

Idee 12

Erinnere dich an alles, was du gut kannst

Kennst du das? Manchmal, wenn ich gestresst bin, fällt mir gar nicht mehr ein, was ich eigentlich alles gut kann. Dann habe ich nur noch im Kopf, was nicht so gut läuft oder schwierig ist.

Vielleicht geht es dir auch so, wenn du in der Schule eine schlechte Note bekommst, dich mit jemandem gestritten hast oder dir gerade furchtbar langweilig ist.

Ich finde, das Beste ist dann, sich an alles zu erinnern, was man gut kann. Diese Dinge sind nämlich die »Wunderwaffen«, mit denen du jede Stresssituation gleich viel leichter überstehst.

Wenn du eine schlechte Note bekommst, erinnere dich zum Beispiel daran, wie lustig du bist – und dass dir bestimmt eine Möglichkeit einfällt, wie das Lernen für dieses Schulfach beim nächsten Mal witziger sein könnte. Vielleicht machst du eine »Lernparty« mit Freunden,

und schreibst dann bestimmt auch eine bessere Note.

Wenn du dich gestritten hast, denk daran, wie großzügig du sein kannst. Bestimmt fällt dir etwas ein, wie du auf den anderen zugehen kannst und ihr euch wieder vertragen könnt. Vielleicht redet ihr einfach bei einem Eis darüber, was euch genervt hat? Und schaut euch anschließend einen tollen Film an?

Und wenn dir langweilig ist, vergiss nicht, wie kreativ du bist. Wenn du kurz nachdenkst, fällt dir bestimmt etwas Tolles ein, was du machen kannst. Vielleicht malen, einen neuen Tanz zu deinem Lieblingslied erfinden oder etwas mit einer Freundin unternehmen?

Das, was du gut kannst, lässt den Stress verschwinden!

Idee 13

Mach den »Wasserfall«

Der »Wasserfall« ist eine Übung aus dem Yoga. Dabei werden die Beine hochgelegt. Das geht am besten an einer Wand.

Du kannst dich dazu auf den Boden legen, auf eine bequeme Matte, oder auch auf dein Bett, wenn es an einer Wand steht.

Du legst dich auf den Rücken und rutschst dann mit dem Po so nah an die Wand heran, dass du die Füße an der Wand anlehnen kannst, wenn du die Beine nach oben ausstreckst.

Die Hände kannst du bequem neben dir auf der Seite liegen lassen oder sie auf deinen Bauch legen.

Wenn du möchtest, schließe die Augen.

Bleib ungefähr fünf Minuten in der Wasserfallposition.

Der »Wasserfall« ist eine Übung, die deinen ganzen Körper beruhigt und Stress davonspült.

Genieß die Ruhe, die sich in deinem Körper ausbreitet.

Du kannst dir auch vorstellen, wie alles, was dich stresst, von deinen Füßen aus nach unten fließt, deine Beine entlang, bis es schließlich im Erdboden verschwindet.

Ich bin sicher, wenn du anschließend wieder aufstehst, wirst du einen Unterschied zu vorher feststellen und dich gelassen und ausgeglichen fühlen.

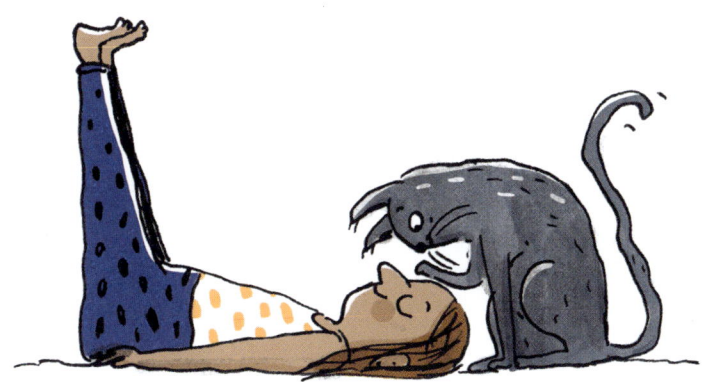

Idee 14

Lies eine schöne Geschichte

Lesen gehört zu den Dingen, bei denen ich mich am besten entspannen kann.

Das kann, wenn du auch gerne liest, ein ganzes Buch sein, das du toll findest. Manche Bücher erzählen von Freundschaften, andere entführen dich in fantastische Welten mit Feen, Trollen oder Zauberern und wieder andere sind richtig lustig.

Es gibt aber auch schöne Bücher, in denen kürzere Geschichten stehen, die man zum Beispiel in zehn oder fünfzehn Minuten lesen kann. In einem meiner Lieblings- bücher sind die Geschichten von hundert Frauen, die die Welt verändert haben. Jede Geschichte wird auf einer Seite erzählt.

Egal, ob du lieber zwei Wochen lang ein ganzes Buch liest oder jeden Tag eine neue, kurze Geschichte: Es kann sehr viel Spaß machen, jeden Abend vor dem Schlafen- gehen eine Viertelstunde zu lesen. Du kannst dich in dein Bett kuscheln und langsam zur Ruhe kommen, während du noch ein bisschen liest.

Meistens schläft man nach dem Lesen besser ein und wacht morgens erholter auf.

Du kannst dir Bücher übrigens auch in der Bücherei ausleihen und musst nicht jedes Mal ein Buch kaufen, wenn du etwas Neues lesen willst.

Idee 15

Macht euch gegenseitig Komplimente

Für die nächste Idee brauchst du einen Menschen, den du gernhast und dem es Spaß macht, etwas Neues zu versuchen. Das kann zum Beispiel deine beste Freundin sein, dein bester Freund oder jemand aus deiner Familie. Frage sie oder ihn, ob ihr zusammen etwas ausprobieren wollt.

Trefft euch, zum Beispiel auf eine Tasse Tee oder Kakao, und findet zusammen heraus, wie es ist, wenn ihr euch gegenseitig Komplimente macht.

Überlegt euch, was ihr am anderen alles toll findet und worüber ihr froh seid – und nehmt euch die Zeit, euch das einfach mal zu sagen.

Findest du es super, dass deine Freundin dich immer mit ihrer guten Laune ansteckt? Und so lustige Witze erzählt, dass du lachen musst, selbst wenn du eigentlich gerade schlecht drauf bist? Oder – wenn du mit deiner

Mama Komplimente tauschst – magst du, dass sie so kreativ ist und mit dir immer die allercoolste Verkleidung zu Fasching aussucht?

Es ist ein richtig schönes Gefühl, anderen zu sagen, was wir an ihnen mögen und zu sehen, wie sie sich darüber freuen. Genauso wie es toll ist, von anderen zu hören, was sie an dir alles klasse finden: wie klug du bist, dass man sich immer auf dich verlassen kann oder wie mutig du bist.

Genieß das gegenseitige Komplimente-Tauschen! Es ist sehr erholsam, sich auf all das zu konzentrieren, was an anderen und an uns selbst gut ist.

Idee 16

Bastle dir ein Lavendelsäckchen für deinen Nachttisch

Kennst du Lavendel? Lavendel ist eine Pflanze mit lilafarbenen Blüten und einem ganz besonderen Duft.

Ich habe Lavendel zum ersten Mal gesehen, als ich mit 14 Jahren im Urlaub in Frankreich, in der Provence, war. Dort gibt es ganze Felder voller Lavendel, die lila leuchten.

Lavendel gibt es aber auch in Deutschland. Man kann Lavendel zum Beispiel im Garten pflanzen oder in einem Blumentopf.

Das Tolle an Lavendel ist: Sein Duft beruhigt und sorgt dafür, dass man besser schlafen kann. Ich habe deshalb ein kleines Säckchen aus Stoff mit Lavendelblüten darin auf meinem Nachttisch liegen. Das riecht gut und ich schlafe besser und träume schöner.

Hast du Lust, das auch auszuprobieren und dir ein Lavendelsäckchen für deinen Nachttisch zu basteln?

Du kannst überlegen, ob du dir eine Lavendelpflanze für daheim im Gartenmarkt kaufen möchtest. Wenn Lavendel bei dir zu Hause in einem Topf oder im Garten wächst, kannst du dir immer wieder frische Blüten abschneiden. Du lässt sie trocknen und füllst sie in ein kleines Säckchen aus Stoff. Oder du nimmst eine Socke, die du nicht mehr brauchst.

Wenn du nicht selbst basteln möchtest, gibt es Lavendelsäckchen auch fertig zu kaufen, zum Beispiel in der Drogerie.

Ich hoffe, du magst den Duft von Lavendel genauso gerne wie ich und schläfst mit einem Lavendelsäckchen neben deinem Bett richtig gut und träumst schön!

Idee 17

Tu etwas, ohne ein Ziel dabei zu haben

Geht es dir auch so? Die meisten Dinge, die wir tun, haben ein bestimmtes Ziel: Du machst deine Hausaufgaben, weil du sie am nächsten Tag in der Schule brauchst. Du räumst dein Zimmer auf, weil deine Mama mit einem ordentlichen Zimmer zufrieden ist oder weil du selbst es gerne aufgeräumt magst. Du gehst eine bestimmte Strecke, um von daheim zu deinem besten Freund, zum Sport- oder zum Musikunterricht zu kommen.

Es ist auch völlig okay und richtig, dass wir die meisten Sachen machen, weil wir ein bestimmtes Ziel haben. Zwischendurch kann es aber total entspannend sein, etwas ohne ein Ziel zu tun.

Weißt du noch, wann du das letzte Mal etwas ohne besonderen Grund gemacht hast, einfach nur, weil du gerade richtig Lust darauf hattest? Wie wäre es, du nimmst dir diese Woche ein bisschen Zeit für eine Aktion ohne Ziel?

MI PERRO!*

* MEIN HUND (SPANISCH)

Vielleicht gibt es einen bestimmten Weg, von dem du schon immer mal wissen wolltest, wohin er führt – du hattest aber noch nie einen Grund, ihn entlangzugehen. Dann erforsch diese Woche, was es auf diesem Weg oder in einer bestimmten Straße zu entdecken gibt.

Wüsstest du gerne, wie man »Hallo« auf Japanisch, Portugiesisch oder Schwedisch sagt? Dann schaue im Internet nach, auch wenn du es nicht für die Schule brauchst.

Tu, wozu du Lust hast, egal ob es malen, singen, tanzen, backen oder Fußball spielen ist.

Ich wünsche dir ganz viel Spaß!

Idee 18

Veranstalte einen Massage-Nachmittag

Hast du schon einmal einen Massage-Nachmittag mit deinen besten Freunden veranstaltet? Oder mit deiner Familie?

Es kann wunderbar entspannend sein, sich gegenseitig zu massieren. Macht es euch mit ein paar Kissen und Decken gemütlich. Ihr könnt euch gegenseitig den ganzen Rücken massieren oder nur die Schultern und den Nacken.

Es gibt auch ein lustiges Spiel, bei dem ihr euch vor-
stellt, dass ihr auf dem Rücken des anderen eine Pizza
backt. Zuerst wird der Teig ausgerollt: Das heißt, ihr
streicht mit den Händen über den Rücken des anderen,
bis der Pizzateig schön glatt ist. Dann kommt die Tomatensoße auf den Teig: Ihr könnt mit der flachen Hand
kreisende Bewegungen auf dem Rücken machen, um
die Tomatensoße überall zu verteilen. Anschließend ist
Einfallsreichtum gefragt: Erkundigt euch, wie die Pizza belegt werden soll und überlegt euch eine schöne
»Massagetechnik«, um die Zutaten auf dem Rücken zu
verteilen. Wie massiert ihr weiter, wenn jemand Salami,
Schinken und Käse auf seiner Pizza will? Und wie, wenn
sich jemand Paprika, Mais und Tomaten wünscht? Zum
Schluss muss die Pizza in den Ofen: Dazu könnt ihr zum
Beispiel ein bisschen kräftiger über den Rücken reiben,
damit Wärme entsteht.

Vielleicht habt ihr auch einen Massageball, den ihr
über den Rücken rollen könnt. Oder ihr malt euch Buchstaben auf den Rücken und der andere muss das Wort
erraten, das auf seinen Rücken geschrieben wird.

Wechselt euch ab, bis jeder eine Massage bekommen
hat und sich richtig wohlfühlt.

Idee 19

Finde die schönste Art, morgens wach zu werden

Hast du dir schon einmal überlegt, wie du morgens am liebsten wach werden würdest?

Ich mag zum Beispiel kein nerviges Piepen des Weckers und ich finde es auch nicht schön, vom Handy geweckt zu werden. Deshalb habe ich mir einen Wecker gekauft, der mich mit Licht und Meeresrauschen weckt. Eine Viertelstunde, bevor der Wecker klingelt, geht ein Licht an, das alle fünf Minuten stärker wird. Manchmal wache ich von dem Licht schon leicht auf und weiß dann, ich habe noch eine Viertelstunde Zeit, bis ich aufstehen muss. Wenn der Wecker dann klingelt, ertönt kein nerviger Piepton, sondern ich höre Wellen rauschen, als wäre ich am Meer.

Für mich ist das die schönste Art, morgens wach zu werden.

Vielleicht geht es dir auch so, dass du gerne von einem

ganz bestimmten Ton geweckt werden würdest? Es gibt zum Beispiel viele Wecker mit Naturgeräuschen, bei denen man einstellen kann, ob man von Vogelgezwitscher, dem Geräusch von Regen oder Tönen aus dem Wald geweckt werden will.

Bist du jemand, der sich den Wecker gerne etwas früher stellt, um morgens Zeit zu haben, in Ruhe wach zu werden? Oder schläfst du lieber so lange wie möglich, hast am Abend vorher schon entschieden, was du am nächsten Tag anziehen willst, und stehst erst auf, wenn es wirklich sein muss?

Gut ist, wenn du weißt, was für dich am besten passt. Dann hast du einen entspannten Start in den Tag.

Idee ⑳

Frag jemanden, ob er dir hilft

Jeder Mensch kann etwas nicht so gut.

Als ich in die Schule ging, war ich nicht besonders gut in Biologie und Chemie. Mein bester Freund hatte von beiden Fächern richtig Ahnung. Deshalb fragte ich ihn, ob er mir beim Lernen helfen kann. Wir trafen uns ein paar Mal und er erklärte mir die Dinge, die ich in den beiden Fächern nicht verstand. Beim nächsten Test war meine Note dann gleich viel besser.

Es ist eine super Sache, bei Dingen, die man selbst nicht so gut kann oder die einem schwerfallen, jemanden nach Hilfe zu fragen.

Anstatt sich alleine mit etwas zu quälen, ist es viel besser, wenn jemand, der es schon kann, es dir zeigt. So lernst du es auch!

Wenn es um ein Schulfach geht, frag jemanden, der gut darin ist, ob er dir die Dinge erklärt, die du noch nicht verstehst.

Wenn du gerne selbst Kekse backen würdest, frag deinen Lieblingserwachsenen oder eine Freundin, die toll backen kann, ob sie es dir zeigt.

Und wenn du einen Rat brauchst, weil du dich zum Beispiel mit jemandem gestritten hast oder dir wegen etwas Sorgen machst, frag jemanden, dem du vertraust, ob er dir zuhören und ein paar Tipps geben könnte.

Mit ein bisschen Hilfe ist vieles gleich viel leichter!

Idee 21

Richte dir in deinem Zimmer eine Kuschelecke ein

Eine gemütliche Ecke im eigenen Zimmer ist auch eine gute Möglichkeit, um sich zu erholen. Zum einen erinnert dich so eine Kuschelecke daran, dir Zeit zum Durchschnaufen zu nehmen. Und zum anderen weißt du dann gleich, wo du dich zurückziehen kannst, wenn du eine Pause brauchst.

Eine Kuschelecke, das kann ein gemütlicher Sessel oder ein kleines Sofa sein, auf dem ein flauschiges Kissen und eine weiche Decke liegen. Aber auch ohne extra Möbel kannst du dir eine Kuschelecke einrichten: zum Beispiel mit einer etwas dickeren Decke oder einem gemütlichen Teppich auf dem Boden und Kissen an der Wand. Ein Sitzsack funktioniert auch. Wenn du abenteuerlustig bist, kannst du auch überlegen, ob du dir eine Hängematte oder ein Indianerzelt für deine Kuschelecke wünschen willst.

Außer mit Kissen und einer Decke kannst du deine Kuschelecke zum Beispiel mit einer Lichterkette dekorieren. Richte dir alles so ein, dass du dich wohlfühlst.

In Zukunft ist deine Kuschelecke dann der perfekte Ort zum Träumen, Lesen, Musikhören. Dort kannst du deinen Gedanken nachhängen oder alles tun, wozu du sonst Lust hast.

Idee ㉒

Biete jemandem deine Hilfe an

Auch wenn es sich zuerst vielleicht seltsam anhört: Jemand anderem zu helfen, kann auch zur eigenen Entspannung beitragen.

Es ist toll, wenn uns jemand bei Dingen hilft, weil wir sie selbst nicht so gut können. Genauso gibt es aber Dinge, in denen wir selbst unglaublich gut sind, und damit andere unterstützen können.

Hast du schon einmal überlegt, wie du mit deinen größten Talenten vielleicht anderen helfen könntest? Gibt es ein Schulfach, in dem du richtig gut bist? Kennst du die tollsten Witze, die alle anderen sofort aufheitern? Oder kannst du besonders gut zuhören, wenn andere etwas auf dem Herzen haben?

Wenn wir anderen helfen, passiert oft etwas Interessantes: Wir vergessen für eine Weile unsere eigenen Sorgen. Und manchmal merken wir auch, dass unsere Sorgen gar nicht so groß oder schlimm sind, wie wir dachten.

Deshalb kann es eine schöne und entspannende Sache sein, ab und zu anderen unsere Hilfe anzubieten.

Vielleicht gibt es ein Mädchen in deiner Klasse, das Schwierigkeiten in dem Fach hat, in dem du sehr gut bist. Du könntest ihr vorschlagen, einen Nachmittag lang mit ihr zu lernen. Oder du fragst jemanden, der traurig ist, ob er dir von seinem Kummer erzählen will. Oder ob er einen Witz hören mag.

Probier aus, ob es dir auch guttut, wenn du ab und zu jemand anderem hilfst.

Idee 23

Stell dir eine Entspannungs-Playlist zusammen

Gibt es Lieder, bei denen du richtig gut abschalten kannst? Bei denen du alles um dich herum vergisst und dich einfach nur wohlfühlst?

Stell dir aus diesen Songs deine persönliche Playlist zum Entspannen zusammen.

Ganz egal, ob es langsame und ruhige Lieder sind, bei denen du dich am besten erholen kannst, oder ob du dich bei energiegeladenen Songs am besten entspannst: Nimm die Lieder, die du selbst erholsam findest, in deine Playlist auf. Das können Songs sein, die du schon lange kennst, oder Lieder, die du neu entdeckst.

Falls du Lust hast, so etwas auszuprobieren: Es gibt auch Musik, die speziell dazu gedacht ist, sich zu entspannen. Dazu gehören zum Beispiel Stücke mit Flöten oder Geigen, oder auch Klavierstücke, bei denen man gut zur Ruhe kommen und abschalten kann.

Außerdem gibt es Musik mit Naturgeräuschen, bei der Bäume im Wind oder ein Wasserfall zu hören sind.

Probier aus, was dir am besten gefällt.

Deine persönliche Entspannungs-Playlist kannst du immer dann hören, wenn du abschalten möchtest oder eine Pause brauchst.

Idee 24

Finde dein Einschlafritual

Gut zu schlafen ist eines der wichtigsten Dinge für ein entspanntes Leben. Wenn wir nicht gut schlafen, sind wir schlapp, können uns schlecht konzentrieren und haben schlechte Laune.

Deshalb kann es eine gute Idee sein, dir zu überlegen, was du brauchst, damit du gut schläfst.

11, 12, 13 . . .

Gibt es eine bestimmte Uhrzeit, zu der du am einfachsten einschläfst? Versuch einmal herauszufinden, welche Zeit die beste ist, um ins Bett zu gehen. Probier unterschiedliche Uhrzeiten aus und schau, wann du am schnellsten einschläfst.

Zu deinem Einschlafritual gehören außer der Uhrzeit auch die Dinge, die dir vor dem Schlafengehen guttun. Schläfst du besser, wenn du in Ruhe noch ein Glas Milch oder Tee trinkst, bevor du dich hinlegst? Gibt es etwas, das du vor dem Einschlafen machen kannst, um besser zu schlafen? Zum Beispiel ein bisschen lesen, entspannende Musik hören oder dich mal richtig recken und strecken? Oder gehst du gerne in die Badewanne oder unter die Dusche, bevor du dich in dein Bett kuschelst?

Überleg einfach, welche Dinge dir für ein schönes Einschlafritual einfallen, und probier sie aus. Wenn du herausgefunden hast, was dir dabei hilft, besonders gut zu schlafen, behalte das Einschlafritual bei.

Ich wünsche dir schöne Träume!

Idee ㉕

Hol dir Entspannungstipps

Kennst du Erwachsene, die so richtig ruhig und gelassen sind? Die sich eigentlich durch nichts aus der Fassung bringen lassen und einen sehr entspannten Eindruck machen?

Überleg mal, ob es so jemanden in deiner Familie, in der Schule oder unter deinen Freunden gibt. Vielleicht hast du eine Tante, die immer entspannt ist, oder deine Oma lässt sich durch nichts aus der Ruhe bringen. Vielleicht gibt es in der Schule einen Lieblingslehrer, der sich nie aufregt, sondern gelassen bleibt, selbst wenn mal Chaos herrscht. Oder eine deiner Freundinnen hat einen Papa, eine Mama oder einen großen Bruder, der besonders entspannt ist.

Mach mit so einem Erwachsenen ein kleines Interview und lass dir von ihm erzählen, was seine besten Tipps sind. Andere Menschen haben oft gute Vorschläge, wie man sich entspannen kann. Auf diese Weise bekommst du gleich noch mehr Ideen. Probier aus, was für dich selbst am besten klappt.

Falls ihr einen wirklich entspannten Lehrer habt, könnt ihr ihn vielleicht sogar als Klasse fragen, ob er eine Unterrichtsstunde zum Thema Gelassenheit mit euch machen würde.

Ich hoffe, du bekommst tolle Tipps von einem sehr entspannten Erwachsenen!

Idee 26

Mach eine Fantasiereise

Es gibt Geschichten, bei denen du dir vorstellst, an einen besonderen Ort zu reisen. Das kann zum Beispiel ein toller Garten mit vielen bunten Blumen, Schmetterlingen und einer großen Eiche sein, ein Strand, an dem du deine Füße im Sand vergraben und Muscheln sammeln kannst, oder eine Landschaft im Schnee mit funkelnden Sternen am Himmel. So etwas nennt man Fantasie- oder Traumreisen.

Es gibt viele verschiedene Bücher mit Fantasiereisen für Kinder. Du kannst im Internet oder in einem Buchladen nach solchen Büchern stöbern und schauen, ob eines dabei ist, das dir besonders gut gefällt. Auch in der Bücherei gibt es solche Bücher, wenn du dir lieber erstmal eins ausleihen möchtest.

Am besten ist, wenn dir jemand die Fantasiereise vorlesen kann. Du kuschelst dich dafür nämlich am besten gemütlich in dein Bett oder aufs Sofa, deckst dich vielleicht zu und schließt die Augen.

Frag jemanden in deiner Familie, ob er dir eine Fantasiereise vorlesen würde, oder triff dich mit einer Freundin und lest euch abwechselnd eine Geschichte vor.

Manchmal gibt es Fantasiereisen auch als Hörbuch, dann kannst du dir die Geschichte selbst anhören.

Lass dich mitnehmen an einen besonders schönen Ort und stell dir vor, wie es dort wäre. Vielleicht hast du dann sogar Lust, eigene Fantasiereisen zu erfinden und dir selbst Orte zu überlegen, bei denen du ganz entspannt wirst.

Idee ㉗

Häng ein besonders schönes Bild in deinem Zimmer auf

Gibt es Bilder, die du besonders schön und beruhigend findest? Zum Beispiel von einem Wasserfall, einem Wald mit grünen Bäumen, dem Meer oder den Bergen?

Wie wäre es, wenn du so ein Bild in deinem Zimmer aufhängst?

In Baumärkten und in Möbelgeschäften gibt es oft eine Abteilung mit Bildern. Vielleicht kannst du mit deiner Mama oder einem anderen Lieblingsmenschen einen Ausflug dorthin machen und gucken, ob ein Bild dabei ist, das du toll findest und dir kaufen möchtest.

Oder vielleicht hast du selbst schöne Fotos, zum Beispiel aus einem Urlaub. Es gibt auch die Möglichkeit, im Internet ein eigenes Foto hochzuladen und als Bild für die Wand zu bestellen. Oder du druckst das Foto einfach selbst etwas größer aus und hängst es in einem schönen Rahmen auf.

Bilder, die wir oft sehen, wenn wir daran vorbeigehen oder sie uns bewusst anschauen, können uns ruhig und gelassen machen: Die schöne Stimmung des Bildes bewirkt, dass du dich entspannt fühlst, wenn dein Blick auf den Wald, das Meer oder die Blumenwiese fällt, oder auf das Motiv, das du dir ausgesucht hast.

Idee

Bastle ein Teamplakat

Hast du dir schon einmal überlegt, wie viele Menschen es gibt, auf die du dich verlassen kannst und die immer hinter dir stehen?

Wie wäre es, wenn du ein Plakat bastelst, auf dem alle Menschen stehen, die zu deinem Team gehören, weil sie dich unterstützen?

Vielleicht kocht deine Mama, deine Oma oder dein

Papa dir das leckerste Essen. Welcher Freund unternimmt mit dir die tollsten Sachen? Wer hilft dir bei den Hausaufgaben, wenn du nicht weiterweißt? Du hast vielleicht Menschen um dich herum, die dich aufheitern, wenn du traurig bist, die dir ein Musikinstrument oder eine Sportart beibringen, oder dir zuhören, wenn du über etwas reden willst.

Besorg dir ein Plakat und schreib all ihre Namen auf. Du kannst Fotos von ihnen dazukleben und hinzufügen, womit sie dich unterstützen und warum du froh bist, sie in deinem Team zu haben.

Außerdem kannst du das Plakat bemalen, mit Aufklebern verschönern und so gestalten, wie es dir am besten gefällt.

Wenn du fertig bist, such einen schönen Platz für dein Plakat, zum Beispiel in der Nähe von deinem Schreibtisch. Oder du legst es an einen Ort, an dem du es leicht hervorholen und anschauen kannst, im Schrank oder unter deinem Bett.

Immer wenn du dich daran erinnern willst, wie viele Menschen auf deiner Seite stehen, kannst du einen Blick auf dein Plakat werfen und ganz beruhigt sein, weil du so ein tolles Team hast.

Idee 29

Finde deinen Lieblingsduft

Schöne Düfte können wunderbar dabei helfen, sich zu entspannen.

Erholsam wirken zum Beispiel Lavendel, Vanille und Jasmin, die es in Form von Duftkerzen zu kaufen gibt. Wenn man sie anzündet, breitet sich ihr angenehmer Duft im ganzen Zimmer aus. Meistens kann man im Geschäft auch den Deckel einer Kerze abmachen und daran schnuppern, ob einem der Duft gefällt.

Außerdem gibt es ätherische Öle: In kleinen Fläschchen ist ein duftendes Öl, von dem man zum Beispiel ein paar Tropfen ins Badewasser geben kann. Dann riecht das Wasser nach Rosenblüten, Zitrone, oder dem Duft, den man ausgesucht hat.

Diese Öle kann man auch in einen Duftspender füllen, damit das Zimmer nach ihnen riecht. Oder es gibt Sprays, mit denen man den Duft auf sein Kopfkissen sprühen kann.

Vielleicht hast du Lust, so etwas auszuprobieren und deinen Lieblingsduft zu finden. Du könntest dir zum Beispiel jemanden aus deiner Familie oder eine Freundin schnappen. Schaut euch in einem Laden verschiedene Duftkerzen oder Duftöle an und überlegt, ob ihr euch etwas davon kaufen möchtet. Wählt euren Lieblingsduft und genießt es, wenn euer Zuhause herrlich nach Vanille oder Lavendel riecht.

Idee 30

Schreib auf, was dir Spaß macht

Was macht dir am meisten Spaß? Singst du gerne, spielst Basketball oder findest lesen toll? Vielleicht lieben deine beste Freundin und du es, zusammen Fotoshootings zu veranstalten oder es gibt ein spannendes Spiel, das du gerne mit deinem Bruder oder deiner Schwester spielst.

Nimm dir einmal die Zeit, alles aufzuschreiben, was dir Spaß macht. Wie wäre es, wenn du in Zukunft jede Woche etwas unternimmst, das auf deiner Liste steht?

Du kannst dir zum Beispiel jeden Sonntagabend deine Liste nehmen und überlegen, was davon du in der nächsten Woche am liebsten tun würdest. Wenn du besonders Lust darauf hast, mit einem Freund einen Film zu sehen, reservier dir einen Abend, an dem ihr euch zum Filmschauen treffen könnt. Wenn du gerne einen Spielenachmittag mit deiner Familie veranstalten würdest, überleg, wann das am besten geht. Dann sage allen Bescheid, an welchem Nachmittag du sie in deinem Lieblingsspiel schlagen möchtest. Und wenn du gerne ein spannendes Buch zu Ende lesen würdest, dann nimm dir schon mal vor, wann dich niemand dabei stören darf.

Wenn wir Zeit einplanen für schöne Dinge, haben wir immer etwas, worauf wir uns freuen können. Das macht nicht nur gute Laune, sondern das Leben auch gleich viel entspannter.

Idee **31**

Schreib auf, was dir keinen Spaß macht – und wie du es aufpeppen kannst

Wofür soll eine Liste gut sein, auf der die Dinge stehen, die du nicht gerne machst? Du hast schon recht, dass solch eine Liste nicht so lustig ist wie eine Liste mit Sachen, die toll sind.

Aber: Wenn du einmal alles aufschreibst, was du nicht gern machst, kannst du anschließend überlegen, wie du es verschönern könntest. Damit es doch ein bisschen Spaß macht.

Wenn du also alles auflistest, dann steht da vielleicht: Zimmeraufräumen, Mathe-Hausaufgaben oder langweilige Familienausflüge.

Jetzt stell dir vor, es gäbe für all diese Dinge eine Möglichkeit, sie aufzupeppen. Du brauchst nur ein bisschen Kreativität und ein paar gute Ideen, wie diese Sachen schöner werden können. Nimm dir ein bisschen Zeit und warte ab, was dir einfällt.

Würde es mehr Spaß machen, dein Zimmer aufzuräumen, wenn du dabei deine Lieblingsmusik hörst? Und vielleicht sogar laut mitsingst? Wären die Mathe-Hausaufgaben nicht mehr so ätzend, wenn du sie zusammen mit einer Freundin erledigen könntest? Und würde ein Familienausflug mehr Spaß machen, wenn du etwas vorschlagen könntest? Zum Beispiel, dass ihr in den Kletterwald geht, anstatt nur einen Spaziergang zu machen?

Auf diese Weise sind Dinge, die sonst keinen Spaß machen, am Ende vielleicht doch ganz lustig!

Idee 32

Kuschle dich mitten am Tag für zehn Minuten in dein Bett

Am leichtesten bleibt man entspannt, wenn man sich auch während eines Tages ab und zu eine Verschnaufpause gönnt, und nicht nur abends, wenn alles erledigt ist.

Hast du schon mal ausprobiert, dich mitten am Tag für zehn Minuten in dein Bett zu kuscheln?

Du könntest dich, wenn du aus der Schule kommst, erst einmal auf dein Bett fallen lassen und nach dem Schultag tief durchatmen. Oder du gönnst dir in deinem Bett eine kleine Mittagspause nach dem Essen. Vielleicht kuschelst du dich auch noch mal kurz in deine Kissen, bevor du zum Sport, in die Musikschule oder zu einer Freundin gehst.

Gib dir selbst ein paar Minuten, um dich auszustrecken, einzukuscheln und eine Pause von allem zu machen.

Wenn du keine Lust hast, es dir kurz in deinem Bett

gemütlich zu machen, kannst du dich auch ans Fenster setzen und einfach zehn Minuten nach draußen schauen. Oder du machst dir dein Lieblingsgetränk, setzt dich damit an den Tisch und tust eine kleine Weile nichts als in Ruhe zu trinken.

Wenn wir solche kleinen Pausen mitten am Tag einbauen, fühlen wir uns nicht nur wohler: Du wirst auch merken, dass alles, was du danach noch vorhast, viel besser und schneller klappt, weil du dich vorher ein bisschen erholt hast.

Idee 33

Such dir ein Entspannungssymbol

Jedem Menschen fallen bestimmte Dinge ein, die er oder sie mit Entspannung verbindet. Viele Menschen finden, dass eine Buddhafigur ein Zeichen für Entspannung ist. Andere denken an Entspannung, wenn sie eine Muschel sehen, eine Katze, die sich reckt und streckt, oder eine Palme.

Hast du dir schon einmal überlegt, bei welcher Figur oder welchem Symbol du an Entspannung denkst? Du könntest dieses Symbol bei dir tragen oder an einen Ort stellen, an dem du es oft siehst: Dann erinnert es dich daran, dich zwischendurch immer wieder zu entspannen und dir Pausen zu gönnen.

Vielleicht hast du Lust, einen Buddha auf deinen Schreibtisch zu stellen. Oder du wünschst dir eine Katzenfigur, die herzhaft gähnt, und stellst sie auf deine Kommode oder in ein Regal.

Wenn du dein Entspannungssymbol gerne immer da-

beihättest, kannst du zum Beispiel nach einem Armband oder einer Kette mit Anhänger Ausschau halten.
Vielleicht entdeckst du in einem Laden ein Armband mit
einem Muschelanhänger, einer Palme oder einer Hängematte. Dann kannst du dieses Armband oder eine Kette
jeden Tag tragen. Sie erinnert dich daran, entspannt zu
bleiben.

Ich hoffe, du findest ein Entspannungssymbol, das dir
gefällt und mit dem es dir leichter fällt, ab und zu durchzuatmen und gelassen zu sein.

Idee 34

Erzähl jemandem, wie es dir geht

Wir brauchen alle jemanden in unserem Leben, dem wir erzählen können, wie es uns geht. Mit einem Menschen, dem wir sagen können, was mit uns gerade los ist, ist das Leben viel leichter und schöner.

Vielleicht hast du ganz tolle Eltern, die dir immer zuhören und denen du von jedem Problem erzählen kannst. Vielleicht sprichst du auch lieber mit deiner besten Freundin, deiner Oma, oder du hast den besten Onkel auf der Welt, zu dem du immer kommen kannst.

Lass dir einmal durch den Kopf gehen, welchem liebevollen Menschen in deinem Leben du zu hundert Prozent vertraust. Erzählst du diesem Menschen öfter, wie es dir geht? Wenn ja, weißt du bestimmt schon, wie schön das ist. Dann behalte es bei und rede mit diesem Menschen über Dinge, die dich beschäftigen.

Wenn du noch nicht so oft darüber sprichst, was bei dir gerade los ist, dann probier es einmal aus und erzähl diesem besonderen Menschen in deinem Leben, wie es dir geht.

Vielleicht bist du gerade genervt von der Schule, denkst über ein Problem nach, oder aber es geht dir super, weil du etwas richtig gut gekonnt hast oder du ein tolles Wochenende hattest.

Egal, was es ist, teil es mit einem Menschen, den du lieb hast und der für dich da ist.

Das ist eine wunderschöne Sache, die ganz viel Entspannung in dein Leben bringt.

Idee 35

Entspann deine Füße

Unsere Füße tragen uns den ganzen Tag durch die Gegend. Wenn sie abends müde sind, gibt es ein paar einfache Möglichkeiten, um sie wieder zu lockern.

Die Übungen für entspannte Füße machst du am besten auf dem Boden. Du kannst dir eine Decke oder Matte auf den Boden legen, es klappt aber auch, wenn du es auf einem Teppich ausprobierst.

Zuerst kommst du auf alle viere. Dann stellst du deine Zehen auf dem Boden auf. Es liegen also nicht die Vorderseiten deiner Füße auf dem Boden, sondern die Zehen stehen auf der Matte oder dem Teppich. Deine Füße lässt du jetzt so und schiebst deinen Po ein bisschen nach hinten, in Richtung deiner Füße. So bleibst du dann für ein oder zwei Minuten, je nachdem wie lange es sich angenehm anfühlt.

Anschließend legst du die Vorderseiten deiner Füße flach auf den Boden und setzt dich mit dem Po nach hinten auf deine Füße. Wenn du sitzt, streckst du die Arme nach hinten aus, stützt dich mit den Händen hinter deinem Rücken ab und lehnst dich mit dem Oberkörper ein bisschen zurück. Die Knie dürfen dabei auch vom Boden abheben. Dann bleibst du wieder für ein oder zwei Minuten so, je nachdem wie lange du es gut findest.

Zum Schluss kannst du deine Füße etwas hin und her bewegen. Fühlen sie sich lockerer an als vorher?

Wenn du Lust hast, setze dich hin und knete deine Füße noch ein bisschen durch. Spätestens dann sind sie bestimmt total entspannt!

Idee 36

Schau dir den Sonnenaufgang oder den Sonnenuntergang an

Hast du schon einmal beobachtet, wie die Sonne morgens auf- oder abends untergeht?

Es kann richtig schön sein, sich den Sonnenaufgang oder den Sonnenuntergang anzusehen.

Morgens, wenn die Sonne aufgeht, ist die Welt meistens noch ganz still, der Tag hat noch nicht so richtig angefangen und die ersten Sonnenstrahlen am Himmel leuchten golden.

Abends hat man den Tag geschafft und die Dinge erledigt, die es zu tun gab. Man entspannt sich langsam, und wenn die Sonne untergeht, entstehen oft die tollsten Farben am Himmel, manchmal sogar rosa oder violett.

Was hältst du davon, deinen Tag einmal damit anzufangen, dass du dir den Sonnenaufgang ansiehst? Oder du nimmst dir abends Zeit, um zu entdecken, welche Farben der Sonnenuntergang an den Himmel malt.

Im Internet kann man sogar die genaue Uhrzeit nachschauen, wann die Sonne auf- und untergeht.

Ich hoffe, du findest es genauso schön wie ich, dir eines davon – oder vielleicht sogar beides – anzusehen, und bist danach glücklich und entspannt.

Idee 37

Überleg, ob du gerne ein Haustier hättest

Es kann sehr entspannend sein, mit einem Haustier zusammenzuwohnen. Das Leben macht mehr Spaß, wenn du einen Hund hast, der dich nach der Schule freudig begrüßt, oder wenn du abends deine Katze streicheln kannst.

Hast du dir schon einmal überlegt, ob du gerne ein Haustier hättest? Und wenn ja, was für eins? Statt einer Katze oder einem Hund könnte das auch ein Kaninchen

sein, ein Meerschweinchen, ein Vogel, eine Schildkröte oder Fische.

Wenn du das Gefühl hast, dass du es schön fändest, ein Haustier zu haben, sprich mit deiner Familie darüber. Vielleicht fänden es auch deine Eltern und Geschwister toll, wenn ihr euch zusammen um eine Katze oder einen Hasen kümmern würdet oder wenn ihr ein Aquarium mit Fischen hättet.

Falls es bei euch zu Hause nicht geht, ein Tier zu halten, kannst du auch überlegen, wer von deinen Freunden ein Haustier hat. Vielleicht kannst du ab und zu dorthin gehen und dich dort mit um ein Tier kümmern. Oder es gibt Haustiere bei den Nachbarn, und jemand ist froh, wenn du manchmal mit dem Hund Gassi gehen könntest oder die Hasen fütterst.

Probier aus, ob du eine Möglichkeit findest, Zeit mit einem Tier zu verbringen und ob dich das glücklich und gelassen macht.

Idee 38

Probier Tagebuchschreiben aus

Hast du schon einmal Tagebuch geschrieben?

In ein Tagebuch kannst du schreiben, was dir gerade durch den Kopf geht, was du an einem Tag erlebt hast oder was du dir wünschen würdest.

Mit einem Tagebuch können wir unsere Gedanken sortieren. Wenn dich etwas beschäftigt und du schreibst es auf, fallen dir vielleicht neue Ideen dazu ein. Du kannst notieren, was du erlebst und später noch einmal nachlesen, wie schön zum Beispiel ein bestimmter Tag oder ein Wochenende war. Und wenn du dir Zeit für deine Träume nimmst und sie aufschreibst, freust du dich umso mehr, wenn sie in Erfüllung gehen.

Als Tagebuch kannst du dir ein besonders schönes Notizbuch suchen oder ein Tagebuch kaufen, das dir gefällt. Es gibt Tagebücher mit einem kleinen Schloss, sodass du es sogar abschließen kannst. Oder du legst es an einen Ort, an dem niemand es nimmt und liest. So kannst du deinem Tagebuch immer alles anvertrauen, das dir wichtig ist, ohne überlegen zu müssen, wie jemand anders darauf reagieren würde.

Wenn du nicht so viel Lust darauf hast zu schreiben, kannst du auch malen: Es gibt Menschen, deren Tagebuch nur aus Zeichnungen besteht. Sie malen ein Bild von dem, was sie erlebt haben oder was sie sich wünschen in ihr Tagebuch.

Ich wünsche dir viel Spaß dabei, alles aufzuschreiben oder zu zeichnen, was dir wichtig ist.

Idee 39

Finde die schönsten Geräusche

Was sind für dich schöne Geräusche? Wenn du Vögel singen hörst? Oder wenn du zuhörst, wie der Regen gegen die Fensterscheibe prasselt? Findest du es schön, wenn einer deiner Lieblingsmenschen lacht?

Achte mal an einem Tag oder auch an mehreren Tagen auf die Geräusche, die du am liebsten magst.

Vielleicht singen morgens, wenn du aufwachst, immer ein paar Vögel vor deinem Fenster. Dann nimm dir kurz Zeit, bevor du aufstehst, und höre ihnen ein bisschen beim Singen zu. Sind es mehrere Vögel? Klingen sie unterschiedlich? Wie genau hört sich ihr Zwitschern an?

Wenn du das Geräusch von Regen magst, dann setz dich beim nächsten Regenschauer ans Fenster, schließe, wenn du möchtest, die Augen und achte auf den Klang, wenn die Regentropfen an die Fensterscheibe prasseln. Klingen die Tropfen laut oder leise? Prasselt das Wasser schnell oder langsam gegen die Scheibe?

Wenn du einen Lieblingsmenschen hast, dessen La-
chen besonders schön ist, dann achte beim nächsten
Mal, wenn er oder sie lacht, genau darauf, wie sich das
Lachen anhört.

Finde die Geräusche, die dir selbst am besten gefallen,
und probier aus, wie erholsam es ist, wenn man sich voll
und ganz auf so ein schönes Geräusch konzentriert.

Idee 40

Lerne dein Lieblingsessen zu kochen

Es kann sehr entspannend sein zu kochen. Wenn man in Ruhe in der Küche werkelt, Gemüse schneidet, in Töpfen rührt oder Teig knetet, kann man sich dabei oft wunderbar erholen.

Hast du selbst schon einmal ausprobiert zu kochen? Wie wäre es, wenn du einen Erwachsenen fragst, ob er dir beibringt, dein Lieblingsessen zu kochen?

Nehmt euch einen Nachmittag Zeit, um gemeinsam Pizza zu backen, Spaghetti zu kochen, oder zu zaubern, was immer du am liebsten isst!

Dann kannst du herausfinden, ob dir kochen Spaß macht und du es erholsam findest.

Falls ja, hast du vielleicht Lust, in Zukunft öfter mit in der Küche zu werkeln, dein Lieblingsessen zu kochen, einen Obstsalat zu schnippeln oder einen leckeren Kuchen zu backen.

Idee 41

Denk an deine schönste Erinnerung

Was sind die tollsten Dinge, die du bisher erlebt hast?

Vielleicht gab es einen Tag in den Ferien, der besonders schön war. Hast du einen unvergesslichen Tag in den Bergen oder am Meer verbracht? Oder vielleicht auch im Sommer im Schwimmbad?

Vielleicht hat deine Mama einmal etwas ganz Besonderes mit dir zusammen unternommen. Oder deine beste Freundin und du habt zusammen einen einmaligen Tag erlebt, beim Bummeln, im Kino oder auf einem Ausflug.

Oder vielleicht machst du gerne Sport und hast eine besonders schöne Erinnerung an ein (Volleyball-, Basketball- oder ein anderes) Spiel, das deine Mannschaft gewonnen hat. Oder du hast bei einer wunderbaren Aufführung mitgetanzt.

Was auch immer deine schönste Erinnerung ist: Wenn du ganz fest an sie denkst, wirst du dich sofort glücklich und ausgeglichen fühlen.

Mal dir noch einmal genau aus, wie dieser Tag war, den du so besonders schön fandest. Denk an alles, was du an diesem Tag erlebt hast und wie du dich gefühlt hast. Dann ist es fast so, als erlebst du ihn ein zweites Mal.

Ich wünsche dir ganz viel Spaß mit deiner schönsten Erinnerung!

Idee 42

Veranstalte einen Urlaubstag zu Hause

Was machen deine Familie und du normalerweise, wenn ihr im Urlaub seid?

Geht ihr schwimmen, wandern oder Fahrrad fahren? Spielt ihr zusammen? Kocht ihr gemeinsam ein richtig leckeres Gericht oder geht zusammen in ein Restaurant?

Frag deine Familie, ob sie Lust dazu hat, einen Urlaubstag zu Hause zu veranstalten! Man muss nicht immer Ferien haben, um gemeinsam einen tollen Urlaubstag zu verbringen.

Nehmt euch am Samstag oder Sonntag Zeit, um all das zu tun, was ihr normalerweise im Urlaub macht. Wenn ihr im Urlaub schwimmen geht, schnappt eure Badesachen und macht einen Ausflug ins Schwimmbad. Wenn ihr in den Ferien wandert, sucht zum Beispiel nach dem schönsten Wald in eurer Nähe und macht dort eine Wandertour.

Wenn es ein bestimmtes Spiel gibt, das ihr im Urlaub immer gemeinsam spielt, spielt es einfach zu Hause.

Wenn ihr im Urlaub alle zusammen kocht, dann nichts wie los, um alle Zutaten einzukaufen! Kocht euer leckeres Feriengericht. Und wenn ihr im Urlaub in ein schönes Restaurant geht, dann probiert doch mal ein Restaurant in eurer Stadt aus und geht dort essen.

Ich hoffe, du verbringst einen wunderbaren Urlaubstag mit deiner Familie!

Idee 43

Atme langsam und tief, wenn du aufgeregt bist

Es gibt etwas, das wir immer dabeihaben, um uns zu entspannen: Und das ist unser Atem.

Wenn wir sehr aufgeregt sind, vor etwas Angst oder dolles Herzklopfen haben, kann es passieren, dass wir ganz schnell und flach atmen. Meistens merken wir das nicht, aber dadurch werden die doofen Gefühle, die wir gerade haben, schlimmer.

Deshalb probier doch einmal Folgendes aus: Das nächste Mal, wenn du zum Beispiel wegen einer schwierigen Aufgabe nervös bist, oder wenn du dich sehr über etwas ärgerst, versuch langsam und tief zu atmen.

Du kannst dafür auch eine Hand auf deine Brust und eine Hand auf deinen Bauch legen. Dann spürst du, wie sich beides durch deinen Atem hebt und senkt. Und dann kannst du dich auch besser darauf konzentrieren, möglichst langsam zu atmen. Am besten auch tief, sodass auch dein Bauch sich beim Einatmen ganz hochhebt und beim Ausatmen wieder senkt.

Wenn du es schaffst, eine kleine Weile ruhig zu atmen, wirst du merken, wie es dir besser geht. Die Nervosität oder Angst ist weniger schlimm. Und wenn du sauer bist, lässt der Ärger allmählich nach.

Langsam und tief zu atmen kann auch helfen, wenn du traurig bist. Oder wenn du dir wehgetan hast, weil du zum Beispiel hingefallen bist. Dann hilft das ruhige Atmen dabei, dass der Schmerz schnell wieder nachlässt.

Idee 44

Probier die »Kindhaltung« aus

Die »Kindhaltung« ist eine Übung aus dem Yoga. Sie ist eine der besten Übungen, um sich zu entspannen und allen Stress verschwinden zu lassen.

Du kannst die »Kindhaltung« auf dem Boden ausprobieren. Wenn der Boden nicht so weich ist, legst du am besten eine Decke oder eine Sportmatte darauf. Wenn du willst, kannst du die »Kindhaltung« auch abends in deinem Bett vor dem Schlafengehen ausprobieren.

Als Erstes kommst du auf alle viere. Dann schiebst du deine Füße so aneinander, dass deine beiden großen Zehen sich berühren. Anschließend schiebst du deinen Po nach hinten, bis du mit ihm auf deinen Füßen sitzt. Deine Stirn lässt du auf den Boden sinken. Dann streckst du deine Arme nach hinten aus. Die Innenfläche deiner Hand lässt du dabei nach oben zeigen. Deine Schultern liegen jetzt entspannt auf deinen Knien.

Wenn du in der Position angekommen bist, atme ganz entspannt und langsam durch die Nase ein und aus. Genieß die Ruhe, die sich in deinem Körper ausbreitet, und bleib solange du möchtest in der »Kindhaltung«. Wenn du dich richtig entspannt fühlst, stehst du langsam wieder auf. Oder du kuschelst dich, wenn du die Übung abends vor dem Schlafen im Bett ausprobierst, anschließend in deine Kissen und schlummerst ein.

Idee 45

Finde deine Lieblingsparkbank

Weißt du, wie viele Parkbänke es bei dir in der Nähe gibt?
Meistens fällt uns das erst auf, wenn wir darauf achten.
Es gibt Bänke in der Fußgängerzone, im Park, an Orten,
von denen man einen schönen Ausblick hat, im Wald, am
See, an Springbrunnen oder an der Eisdiele.

Wie wäre es, wenn du einmal bewusst danach schaust, wo in deiner Nähe überall Parkbänke stehen? Und dir die schönste von allen aussuchst?

Vielleicht entdeckst du Parkbänke auf deinem Schulweg, in der Nähe von deinem Zuhause, in der Innenstadt, und auch an anderen Orten, an denen du unterwegs bist. Wenn du eine siehst, die dir gefällt und einen schönen Ausblick hat, setz dich.

Auf welcher Bank gefällt es dir am besten? Leg in Zukunft, wenn du daran vorbeikommst, eine kleine Pause auf der Bank ein und verschnaufe. Du kannst beobachten, was es an diesem Ort zu sehen gibt. Und wenn du möchtest, kannst du dich im Sommer bei schönem Wetter sogar dorthin setzen, um Musik zu hören oder ein Eis zu essen.

Idee 46

Sieh ganz genau hin

Hast du dir schon einmal die Zeit genommen, um etwas, das du schön findest, ganz genau anzusehen?

Wenn wir uns beeilen oder viele Dinge im Kopf haben, schauen wir oft nicht so genau hin. Es kann aber erholsam und wunderschön sein, etwas in Ruhe zu betrachten.

Vielleicht wachsen irgendwo ein paar Blumen in den strahlendsten Farben, die du je gesehen hast. Oder eine Freundin von dir hat einen Pullover mit einem tollen Motiv oder ein T-Shirt mit glitzernden Pailletten an. Vielleicht hängt in deiner Schule, bei dir oder Freunden zu Hause, oder an einem anderen Ort, an dem du häufig bist, ein wunderschönes Bild. Oder es gibt in deiner Nähe eine Stelle mit einem unglaublichen Ausblick, über die ganze Stadt, einen Wald oder einen Fluss.

Such dir etwas aus, das du schön findest, und nimm dir ein bisschen Zeit, um es dir ganz genau anzusehen.

Welche Farben siehst du? Sind die Farben kräftig oder

matt? Haben die Blumen, die du anschaust, eine bestimmte Form? Was für ein Motiv ist auf dem Pulli oder
auf einem Bild, das du siehst? Was kannst du bei einem
bestimmten Ausblick alles entdecken?

Ich bin gespannt, was du alles siehst, wenn du ganz
genau hinschaust.

Idee 47

Überleg dir ein Pausenritual

Wir sind fitter und können Dinge schneller erledigen, wenn wir zwischendurch immer wieder eine kleine Pause machen.

Auch wenn es komisch klingt: Wenn du zum Beispiel sehr viele Hausaufgaben hast und möglichst bald damit fertig werden möchtest, dann ist das Beste, was du tun kannst, zwischendurch immer wieder eine kleine Pause zu machen. Diese kleine Pause sorgt dafür, dass du nicht so schnell müde wirst und dich besser konzentrieren kannst. Und deshalb geht es am Ende mit Pausen schneller als ohne Pausen.

Überleg dir ein kleines Pausenritual, etwas, das du in ungefähr fünf Minuten machen kannst, um durchzuatmen. Das könnte zum Beispiel sein, ein paar Minuten aus dem Fenster zu schauen, von deinem Stuhl aufzustehen und dich zu recken und zu strecken oder etwas zu trinken.

Überleg dir etwas, das zu dir passt, und probier es aus, wenn du zum Beispiel das nächste Mal viele Hausaufgaben hast. Dann stehst du jede halbe oder Dreiviertelstunde von deinem Stuhl auf und bewegst dich ein bisschen, gehst ans Fenster und schaust, welche Wolken du gerade am Himmel siehst, oder trinkst in Ruhe einen Schluck von deinem Lieblingsgetränk. Nach fünf Minuten machst du wieder weiter.

Ich wünsche dir ein schönes Pausenritual und dass du deine Hausaufgaben auf diese Weise schneller erledigen kannst als sonst.

Idee 48

Probier aus, wie lange eine Minute dauert

Fragst du dich jetzt, wieso du ausprobieren sollst, wie lange eine Minute dauert? Schließlich dauert eine Minute eben eine Minute, stimmt's?

Das ist richtig, aber ohne Uhr können wir oft gar nicht so genau sagen, wie lange etwas tatsächlich dauert. Kennst du das? Wenn du etwas tust, das dir Spaß macht, vergeht die Zeit wie im Flug. Und wenn du etwas machen musst, wozu du keine Lust hast, zieht sich die Zeit wie Kaugummi. Deshalb kann es interessant sein, auszuprobieren, wie lange eine Minute dauert. Außerdem ist es entspannend, sich einmal voll und ganz auf die Zeit zu konzentrieren.

Am besten probierst du zusammen mit einem Freund oder jemandem aus deiner Familie aus, wie lange eine Minute wirklich ist. Das geht so: Einer von euch stoppt die Zeit. Der andere schließt die Augen. Wer die Zeit stoppt, sagt Bescheid, wann es losgeht. Der andere lässt seine Augen geschlossen und hebt die Hand, wenn er denkt, dass eine Minute vergangen ist. Derjenige, der auf die Uhr schaut, sagt dann Bescheid, ob es wirklich eine Minute oder länger oder kürzer war.

Anschließend tauscht ihr. Ihr könnt dieses Spiel auch so lange spielen, bis jeder von euch möglichst nah an einer Minute dran ist und ohne Uhr einschätzen kann, wann die Minute vorbei ist.

Ich hoffe, ihr habt Spaß damit, das auszuprobieren.

Idee 49

Lerne häkeln oder stricken

Beim Häkeln, Stricken oder einer anderen Handarbeit kann man sich wunderbar entspannen. Unsere Hände sind beschäftigt und der Stress, den wir haben, kann sich in Luft auflösen.

Hast du Häkeln oder Stricken schon einmal ausprobiert? Du brauchst dazu nur Wolle und eine Häkelnadel oder Stricknadeln.

Ich selbst häkle am liebsten. Es gibt ganz viele Bücher mit Anleitungen für die verschiedensten Dinge: um Puppen zu häkeln, Taschen, Disney-Figuren oder Armbänder.

Du kannst Socken stricken, Schals oder sogar einen Pulli.

Wenn dir häkeln oder stricken keinen Spaß macht, kannst du auch eine andere Handarbeit ausprobieren, zum Beispiel Schmuck aus Perlen zu basteln, Figuren aus Fimo zu kneten oder ein Vogelhaus aus Holz zu bauen.

Überleg, was dir Spaß machen könnte, oder stöbere in einem Bastelladen, um eine passende Idee für dich zu finden.

In Zukunft kannst du dich immer an deine Hand- oder Bastelarbeit setzen, wenn du ein bisschen Erholung brauchst.

Idee 50

Schreib deine eigenen Mutmacher-Kärtchen

Auf Mutmacher-Kärtchen stehen Sätze, die dich an wichtige und schöne Dinge erinnern.

Manchmal sorgen unsere Gedanken dafür, dass wir schlechte Laune bekommen. Vielleicht denkst du, wenn du eine schlechte Note in der Schule hast: »Ich kann das nicht.« Oder du denkst »Ich bin nervig«, wenn deine Eltern gerade keine Geduld mit dir haben.

Solche Gedanken machen uns traurig, und vor allem sind sie meistens auch gar nicht wahr. Deshalb ist es toll, wenn man sich seine eigenen Mutmacher-Kärtchen schreibt. Du brauchst dazu nur ein paar Karten aus Papier oder auch einfache Notizzettel und ein paar bunte Stifte. Dann schreibst du Sätze, die dir Mut machen, auf die Kärtchen. Du kannst zum Beispiel aufschreiben: »Ich lerne gerne Dinge, die ich noch nicht weiß.« Denn wenn etwas nicht klappt, heißt das nicht automatisch, dass du es nicht kannst. Du brauchst es nur zu lernen. Du kannst auch aufschreiben: »Ich bin ein tolles, fröhliches Kind.« Denn auch wenn deine Eltern mal genervt sind, ändert das bestimmt nichts daran, dass sie wahnsinnig froh sind, dass es dich gibt.

Wenn du es schwierig findest, selbst solche Sätze zu finden, kannst du auch überlegen, was andere Menschen schon alles Nettes über dich gesagt haben, und das aufschreiben.

Die Zettel kannst du in einer Kiste verstauen. Immer, wenn dich blöde Gedanken ärgern, kannst du deine Mutmacher-Kärtchen anschauen, damit dir wieder schöne Sätze durch den Kopf gehen.

Danke

Ein großes Dankeschön geht an Sabine, meine Mama und Entspannungsheldin. Danke, dass ich von dir so viel über Gelassenheit lernen kann, für unsere schönen und inspirierenden Gespräche und dass du ein Fan meiner Ideen bist.

Bei meiner Agentin Rosi Kern möchte ich mich für ihr großes Engagement bedanken, und bei meiner Lektorin Kathrin Rau für die schöne Zusammenarbeit.

Außerdem danke ich den wunderbaren Kindern in meinen Entspannungskursen: Ihr seid neugierig, fröhlich und habt immer Lust, neue Ideen auszuprobieren. Es ist toll, wie viel Spaß wir zusammen haben.

Sillmann, Karina:
Tschüss, Stress! – 50 geniale Ideen zum
Runterkommen und Entspannen
ISBN 978 3 522 30617 1

Gesamtgestaltung: Tine Schulz
Einbandtypografie: Tine Schulz und Doris Grüniger,
Buch und Grafik, Zürich
Innentypografie: Tanja Haaf
Reproduktion: DIGIZWO GbR, Stuttgart
Druck und Bindung: Livonia Print, Riga

FSC
www.fsc.org

MIX
Papier aus verantwor-
tungsvollen Quellen
FSC® C002795

© 2022 Gabriel
in der Thienemann-Esslinger Verlag GmbH, Stuttgart
Printed in Latvia. Alle Rechte vorbehalten.